EXTRAIT
DE LA PÉTITION

ADRESSÉE AUX DEUX CHAMBRES

PAR

Le Commissaire de police Renou,

CHEF DU BUREAU DE LA POLICE MUNICIPALE A LYON,

POUR OBTENIR LA LIQUIDATION DE SA PENSION DE RETRAITE
A RAISON DE LA DURÉE DE SES SERVICES.

Par décision du 4 juin 1833, la Chambre des Pairs voulut bien ordonner le renvoi d'une pétition que j'avais eu l'honneur de lui présenter, à M. le Ministre du commerce et des travaux publics qui, n'étant chargé de nommer ni de déterminer la résidence des Commissaires de police, mais ayant la comptabilité communale, avait alors le soin de liquider leurs pensions, en conséquence de l'assimilation *tacitement* établie de ces fonctionnaires *nommés par le Gouvernement* aux employés des communes *nommés par les, Maires.* Il importe de bien remarquer cette circonstance d'après laquelle la nomination et l'emploi des Commissaires de police étant séparés de ce qui tenait à la rémunération de leurs services, tant *en activité* qu'*en retraite,* livrait l'appréciation de la rémunération à des bureaux qui ne pouvaient apprécier les services, et n'étaient pas conséquemment à portée de juger des motifs des diverses translations de ces fonctionnaires, translations sur lesquelles on se fonde pour leur refuser de liquider leurs pensions *à raison de la durée totale de leurs services.*

Par décision du 3 mai 1834, la Chambre des Députés voulut bien ordonner aussi le renvoi d'une semblable pétition à MM. les Ministres de l'intérieur et des finances.

Par décision du 10 janvier 1835, la Chambre des Pairs voulut bien encore ordonner le renvoi d'une nouvelle pétition à M. le Ministre de l'intérieur, et le dépôt à son bureau des renseignements ; cette fois, le même ministère réunissait dans ses attributions tout ce qui concernait les Commissaires de police ; mais la division du travail des bureaux était restée la même ; seulement, la direction de l'administration et de la comptabilité des communes était passée du ministère du commerce à celui de l'intérieur, et n'en était pas moins demeurée tout-à-fait étrangère à la connaissance des services des Commissaires de police, dont cependant elle réglait seule la récompense. Cet inconvénient, né sous l'empire, est incontestablement le résultat de la création de l'ancien ministère de la police qui avait la présentation des nominations et translations des Commissaires de police, sans avoir à se mêler d'en assurer les traitements ni les pensions. Fonctionnaires à attributions *complexes*, la direction de la police vit plutôt en eux des agents du Gouvernement que des employés municipaux, et la direction de la comptabilité, plutôt des employés communaux, que des agents du Gouvernement. De là, les contradictions qui se sont manifestées quand il s'est agi de leur nomination et de leur traitement, lors de la discussion sur la loi municipale, chaque direction fournissant des explications qui devaient nécessairement être divergentes.

Quoiqu'il en soit, la position des Commissaires de police ayant atteint le droit à une pension de retraite, est des plus pénibles. Les commissions des Chambres avaient fait sentir combien il était urgent d'y pourvoir, et néanmoins, les renvois ordonnés n'ont été suivis d'aucun résultat. Par ses lettres des 15 septembre et 26 octobre 1836, à M. le Préfet du Rhône, M. le Ministre de l'intérieur a fait connaître qu'il ne fallait pas attribuer ce défaut de résultat *à un défaut de bienveillance de la part du Gouvernement pour les Commissaires de police* que leur emploi successif en plusieurs villes a *placés dans une situation si fâcheuse* pour eux ; qu'au contraire, *il ne pouvait qu'être disposé à leur procurer la récompense de leurs services*, mais que tels étaient *les obstacles que lui semblait présenter l'état actuel de la législation*, que *ses bonnes dispositions ne pouvaient qu'être impuissantes pour les lever et faire cesser les embarras de cette situation particulière*.

C'est donc sur cette situation dont la prolongation qui, d'après les lettres de M. le Ministre, paraîtrait indéfinie, que je me vois dans la nécessité d'appeler de nouveau l'attention des Chambres, puisque les obstacles sont attribués à l'état de la législation qui veut au contraire assurer l'exécution fidèle des obligations que l'État et ceux qui le servent ont réciproquement contractées. Le moment est d'autant plus opportun de présenter ce grave sujet aux méditations du législateur que, sur le point de régler le service général des pensions, il est trop juste pour se décider à juger des *droits acquis*, sous l'impression des charges qu'ont imposées au trésor cette foule de circonstances, nées des événements politiques plus encore que de l'imprévoyance de quelques-unes des précédentes administrations, dont les fonctionnaires qui ont rempli religieusement leur tâche, ne doivent pas avoir à souffrir. Certes, il ne sanctionnera jamais par ses votes *l'inégalité de traitement*, là où il y a *égalité de titre* pour les fonctionnaires de tous les ordres, *proportionnellement égaux devant la loi*, dans les degrés de la hiérarchie.

Les Chambres voudront donc bien me permettre d'entrer dans des explications de quelque étendue, relativement aux deux questions que je prends la liberté de soumettre à leur examen.

Première Question.

L'usage du droit dont jouit le Gouvernement, de changer de résidence les Commissaires de police, peut-il priver ceux de ces fonctionnaires envers lesquels il a lieu, des mêmes avantages qu'obtiennent leurs collègues qui ne sont point transférés ?

Depuis l'an VIII, en exécution de l'arrêté consulaire du 19 nivôse fondé sur l'article 41 de la loi constitutionnelle du 22 frimaire même année, dont la disposition a été renouvelée par les art. 14 de la charte de 1814 et 13 de celle de 1830, relativement à la nomination *aux emplois d'administration publique*, le Gouvernement a constamment usé de son droit de nommer les Commissaires de police ; mais, quant à celui qui en dérive (de transférer ces fonctionnaires d'une commune à l'autre), ce n'est qu'en 1808 qu'il a commencé à être exercé, et encore, il l'a été si rarement qu'à peine on pourrait en citer cinq à six exemples avant la première invasion des alliés.

En effet, le Gouvernement ayant alors eu à replacer dans l'intérieur plusieurs Commissaires de police qui avaient été employés dans les pays précédemment réunis, l'occasion que cette circonstance lui fournit, de mieux apprécier les avantages que, *dans l'intérêt de l'État*, il pouvait retirer de ces translations, le détermina à y recourir quelquefois, selon le conseil des circonstances. Cependant, il paraît qu'il prit soin de les limiter le plus possible aux besoins réels du service, puisque M. THIERS, alors Ministre de l'intérieur, affirma, le 1er avril 1835, à la tribune de la Chambre des Pairs, que ces translations étaient extrêmement peu nombreuses.

C'est de la sorte que la classe des Commissaires de police s'est trouvée divisée en deux sections ; l'une est formée des Commissaires de police que le Gouvernement laisse toujours dans la même résidence ; *ce qui*, dit M. THIERS, *a lieu pour l'immense majorité, la presque universalité des communes* ;

5

l'autre se compose des mêmes fonctionnaires qui ont été, *en très-petit nombre*, transférés d'une commune dans une autre, et souvent ensuite dans plusieurs communes. Ceux de la première section n'éprouvent aucune difficulté pour obtenir la liquidation de leurs pensions, *en raison de la durée de leurs services*, puisque n'ayant exercé que dans la même ville, celle-ci ne peut leur en refuser la rémunération entière, d'autant qu'elle en a *directement profité*. Il n'en est pas de même de ceux de la seconde section qui sont transférés *par ordre exprès du Gouvernement, dans son intérêt et en vertu de sa prérogative.* « On comprend que quand un « Commissaire de police arrive dans une ville, cette ville « ne veut pas porter à son budget les fonds nécessaires pour « payer une pension acquise dans d'autres villes (1). Fau- « dra-t-il par cela même que l'expérience d'abord acquise « dans une commune, l'aura fait préférer pour les fonctions « à remplir dans une autre, qu'il perde le fruit de ses ser- « vices antérieurs? Rien ne serait plus contraire à l'équi- « té (2). »

Comment donc se fait-il que ce Commissaire transféré, exerçant le même emploi et devant jouir des mêmes avantages que ses collègues, ne puisse obtenir la rémunération *entière* de ses services ; qu'à cet égard, le ministère se soit déclaré *impuissant* (3), et qu'il ait été impossible jusqu'ici « de trouver *une combinaison qui ne laisse sans récompense* « *aucun des services rendus par les Commissaires de police* « (transférés) *et qui* cependant n'exige d'aucune commune « des sacrifices qu'il ne serait pas juste de lui imposer (4)? » Quoi de plus contraire à l'équité?

(1) Discours de M. le baron MOUNIER, Rapporteur de la loi sur les attributions municipales; séance de la Chambre des Pairs, du 30 mars 1855.

(2) Rapport de M. le baron DE FRÉVILLE, Rapporteur de la commission des pétitions à la Chambre des Pairs ; séance du 10 janvier 1855.

(3) Lettre de M. DE GASPARIN, Ministre de l'intérieur, à M. le Préfet du Rhône, du 15 septembre 1856.

(4) Rapport de M. le baron DE FRÉVILLE, Rapporteur de la commission des pétitions à la Chambre des Pairs; séance du 4 juin 1855.

Deuxième Question.

Les services que rendent les Commissaires de police sont-ils de nature à intéresser la société entière et à profiter à tout le royaume ? Donnent-ils à ces fonctionnaires droit à une pension de retraite ?

De toutes les fonctions, celle des Commissaires de police est une des plus intéressantes (1). Avant tout, « agents po-
« litiques, et par conséquent sous l'autorité absolue du Gou-
« vernement (2), leurs obligations ne se bornent pas à veil-
« ler à la sûreté de la localité où ils exercent, et à n'y rem-
« plir que des fonctions municipales ; ils sont, comme agents
« de l'autorité supérieure, chargés, dans l'intérêt général,
« de concourir, sous la direction de MM. les Préfets, à la sû-
« reté de l'État (3) ; officiers de police judiciaire , magistrats
« remplissant les fonctions du ministère public près le tri-
« bunal de police (4), ils sont en outre les principaux, les
« plus utiles et les plus actifs auxiliaires des Procureurs du
« Roi, l'œil et le bras de la vindicte publique ; ce sont eux
« qui constatent presque toujours les faits les plus essentiels,
« qui font les premiers actes de l'instruction criminelle et
« qui procèdent aux premiers interrogatoires, dans le mo-
« ment le plus opportun pour obtenir la vérité (5). Leurs
« attributions ne ressortissent pas seulement aux ministères
« de l'intérieur et de la justice, ils dépendent de celui du

(1) Discours de M. THIERS , Ministre de l'intérieur, à la Chambre des Pairs ; séance du 30 mars 1835.

(2) Discours de M. DE RÉMUSAT , Commissaire du Roi à la Chambre des Députés ; séance du 1er février 1837.

(3) Discours de MM. LADOUCETTE , BUSSIÈRES , CHASLES , etc. , Députés ; séances des 26 janvier, 1er et 6 février 1837.

(4) Discours de MM. DE GASPARIN , Ministre de l'intérieur, et GOUPIL DE PRÉFELN , Député ; séance du 1er février 1837.

(5) Discours de M. GOUPIL DE PRÉFELN , Député ; séance du 1er février 1837.

« commerce, relativement aux poids et mesures, et de celui
« des finances, relativement à la garantie des matières d'or
« et d'argent (1); enfin, les services qu'ils rendent dans quel-
« que localité que ce soit, profitent à tout le royaume, à
« raison de l'ordre et de la tranquillité publique qu'ils con-
« tribuent à y maintenir (2).

Ce sont ces considérations qui, développées devant les
Chambres, ont fait repousser toute intervention de la part
des communes dans l'exercice du droit absolu du Gouvernement de nommer et de changer à son gré de résidence
les Commissaires de police ; mais ce sont elles aussi qui éta-
blissent incontestablement que ces fonctionnaires se trou-
vent précisément dans les termes de la loi constitutive des
pensions du 22 août 1790, titre 1er, art. 1 et 2, portant,
« que *l'État doit récompenser les services qui intéressent la*
« *société entière, et même ceux qui, n'intéressant pas direc-*
« *tement toute la société, sont accompagnés de circonstances*
« *qui en font réfléchir l'effet sur elle (3).* »

C'est donc de cette loi, *applicable à tous les emplois civils,*
puisqu'elle n'en désigne aucun en particulier, que tous les
magistrats, fonctionnaires et employés civils, tant de l'ordre administratif que de l'ordre judiciaire, tiennent leur
droit à l'obtension d'une pension de retraite, soit que leurs
fonctions s'exercent dans tout le royaume, soit dans un cer-
cle plus ou moins localisé. Or, de tous les fonctionnaires
civils, les Commissaires de police, incessamment en lutte
avec les malveillants et les perturbateurs de l'ordre et de
la tranquillité publique, ne sont-ils pas ceux dont la tâche
soit sans contredit la plus laborieuse, la plus pénible, la
plus périlleuse, et auxquels, par conséquent, il soit plus
indispensable et plus juste d'accorder le prix de leurs ser-

(1) Discours de M. DE GASPARIN, Ministre de l'intérieur ; ibidem.

(2) Lettres du même à M. le Préfet du Rhône, en date des 15 septembre
et 24 octobre 1836.

(3) C'est sans doute par erreur que cette loi est indiquée dans l'ordonnance royale du 4 janvier 1833 sous la date du 5 août 1790.

vices passés , quand l'âge et les infirmités les obligent à se retirer ?

Ainsi , la rémunération des services dont l'État a profité devient pour lui une dette d'autant plus sacrée , qu'au dire de M. THIERS , Ministre de l'intérieur , « bien que les « Chambres soient *souveraines* en matière d'impôts et de « dépenses, on a reconnu que quant aux fonctionnaires « qui ont rendu ces services, *il ne devait pas* dépendre *d'elles* « de leur en refuser le prix (1).»

Mais « s'il n'y eût pas eu de caisses de retenues et qu'il « eût fallu rémunérer *directement* tous les services civils « conformément à la loi des 3-22 août 1790 et au décret « du 13 septembre 1806, on peut, sans hésiter, arbitrer « *à cent millions* les sommes qui seraient tombées à la « charge de l'État et dont le trésor s'est trouvé par là exo- « néré (2). »

Il est donc évident que l'article 4 de la loi du 15 germinal an II et l'art. 6 du décret du 13 septembre 1806, *en mettant en dehors des pensions directement à la charge de l'État,* celles des fonctionnaires et employés civils de diverses classes , et en déléguant au chef du Gouvernement le pouvoir de fixer les dispositions *à suivre* à leur égard par *des réglements particuliers arrêtés par lui,* n'ont eu d'autre objet que de diminuer le fardeau du trésor, sans mettre d'ailleurs aucunement en question les droits acquis de ces fonctionnaires et employés, à la rémunération de leurs services en vertu de la loi constitutive des pensions d'août 1790.

Ce fut dans cet esprit que des réclamations qui avaient été portées , en 1811 , au Ministre de l'intérieur par deux employés municipaux de Bruxelles , furent renvoyées par l'Empereur à la section correspondante du Conseil-d'État ;

-----

(1) Discours de M. THIERS , Ministre de l'intérieur , à la Chambre des Pairs, le 1ᵉʳ avril 1835.

(2) Discours de M. LACAVE-LAPLAGNE, Ministre des finances, en présentant, le 4 janvier dernier, à la Chambre des Députés, le projet de loi sur le service général des pensions.

ce Conseil chargé alors de l'interprétation des lois, statuant en particulier sur ces réclamations, fut, après avoir vu les rapports, tant du Ministre que de cette section, d'*avis* en principe que *le décret du 4 juillet 1806, qui posait les règles d'après lesquelles doivent être accordées les pensions de retraite aux employés dépendants du ministère de l'intérieur,* DEVAIT SERVIR DE RÈGLE *pour en accorder à TOUS les employés qui, sans être directement attachés à ce ministère, dépendaient de quelque administration départementale ou municipale* (1).

Bien des chicanes auraient été prévenues sur l'application du décret du 4 juillet 1806 à TOUS les employés des administrations départementales et municipales, si, pour assurer l'exécution des principes posés par cet avis du Conseil-d'État, du 12 novembre 1811, approuvé le 17 par l'Empereur, on en eût inséré, dans un décret spécial, les dispositions essentielles et auxquelles il n'aurait pu être dérogé. Mais ces dispositions parurent si faciles à distinguer de celles surtout relatives *à la quotité des retenues et à la création d'un fonds de premier établissement,* que l'avis du Conseil-d'État fut jugé suffisant par toute personne de bonne foi.

Ce ne fut donc que surabondamment et pour qu'on ne se méprît pas sur le sens dans lequel cette application avait été faite, que le préambule de l'ordonnance royale du 13 novembre 1822, concernant les pensions des employés municipaux de Paris, fut motivé sur ce que « le décret du « 17 novembre 1811, rendu sur l'avis du Conseil-d'État du « 12 du même mois, avait FORCE DE LOI, pour l'application « aux employés des communes, de celui du 4 juillet 1806, « concernant les employés du ministère de l'intérieur, et « qu'il ne pourrait y être dérogé (sauf en ce qui concerne *la* « *quotité des retenues et la création du fonds de premier éta-* « *blissement*), sans altérer les dispositions importantes « dudit réglement. »

(1) Bulletin des Lois, IVe série, tome 15, page 482, et IXe série, tome 4, page 619.

De ces développements, il résulte qu'à l'exception de celles des dispositions du décret du 4 juillet 1806, soit relatives aux *retenues et au fonds de premier établissement*, soit *exclusivement applicables aux employés du ministère de l'intérieur*, l'objet incontestable du décret du 17 novembre 1811, a été d'en rendre toutes les autres dispositions *obligatoires* à l'égard des employés des communes, bien loin de les avoir livrées sans réserve, comme une sorte de *canevas* ou de *modèle*, à la discrétion des administrations locales pour les en laisser modifier à leur gré et de la manière la plus divergente, les règles créées au contraire dans un but évident d'uniformité. Il y a plus ; si l'application de ces dispositions n'eût été que *facultative*, le décret qui l'a prescrite et non simplement proposée, n'eût en réalité présenté qu'un *non sens*.

Aussi, la circulaire ministérielle de mars 1812, recommandait à MM. les Préfets de donner aux employés des communes les moyens de profiter des *avantages* qu'avait eu pour but de leur assurer le décret du 17 novembre 1811, en déclarant que celui du 4 juillet 1806, *jusques-là particulier aux employés du ministère de l'intérieur*, leur serait applicable, et dès lors le ministère, dans toutes ses correspondances relatives à ce point, ne cessa d'exiger l'exécution de ces décrets de la part des communes SANS EXCEPTION, c'est-à-dire *sans s'occuper de la question de savoir si elles avaient ou non profité de la faculté que leur avaient donnée ces deux décrets d'organiser ou de non organiser, en dehors de la caisse municipale, une caisse à part pour le service des pensions et de l'alimenter, en consacrant par les votes de leurs* Conseils municipaux *un fonds de premier établissement* et en se faisant autoriser, si l'état de leurs revenus l'exigeait, à exercer des *retenues sur les traitements de leurs employés*.

Cette conduite du ministère était, au surplus, conforme entièrement au décret. *La perception d'une retenue et la création d'un fonds de premier établissement* n'étaient que facultatives et entièrement laissées à l'arbitraire des Conseils des communes sous l'autorisation du Gouvernement. Il pouvait donc arriver, ou que les communes ne voulussent pas user, où que le Gouvernement, *à raison de l'étendue de leurs ressources*, ne leur permît pas d'user de cette faculté de *percevoir des retenues et de créer un fonds de premier établissement;* il devait donc y avoir des communes qui n'avaient pas voulu ou pu obtenir de caisses de retenues en dehors de la caisse municipale, *sans que leurs employés pussent par ce motif être privés de leurs droits à une pension,* puisque le décret du 17 novembre 1811, non seulement n'admet pas cette exception, mais qu'en ordonnant l'application à TOUS les employés des communes de celui du 4 juillet 1806, il n'a pas permis de distinguer là où il n'avait pas distingué, et par conséquent, d'exclure les employés de ces communes des *avantages* promis, suivant la circulaire ministérielle de mars 1812, par le décret de 1811, parce que, soit ces communes, soit le Gouvernement n'avaient pas voulu en exiger ce que la législation autorisait à leur demander. Aussi dans les temps voisins de l'émission du décret du 17 novembre 1811, le ministère tantôt annulait diverses décisions municipales qui, en contravention à l'art. 8 du décret du 4 juillet 1806, n'avaient pas admis à compter, dans la liquidation des pensions, des services étrangers à la commune (1); tantôt il ordonnait qu'en vertu du même article 8, les services rendus par un employé dans *l'armée,* les *droits réunis* et autres administrations, *même sans autre analogie avec l'administration communale que d'être affectées à un service public,* entreraient dans la liquidation de la pension de cet employé, jusques pour la porter au *maximum* prescrit par la loi, c'est-à-dire, aux deux tiers du traitement d'activité (2); tantôt il improuvait et déclarait *nulles* et *non avenues* les délibérations par lesquelles un Conseil municipal avait prétendu déroger aux réglements généraux sur les pensions de retraite des em-

(1) Lettre de M. le Ministre de l'intérieur à M. le Préfet du Rhône, en date du 20 avril 1816.

(2) Lettre de M. le Ministre de l'intérieur à M. le Préfet du Rhône, eu date du 17 juillet 1816.

ployés des communes (1). Cette doctrine, comme on l'a vu, fut textuellement confirmée par le préambule de l'ordonnance royale déjà citée du 13 novembre 1822, concernant les employés municipaux de Paris.

Tels étaient donc alors les opinions et les errements du ministère de l'intérieur, sur la portée et sur l'exécution du décret du 17 novembre 1811 ; mais, ainsi qu'on l'a déjà fait observer, ce ministère, étranger à tout ce qui concernait les Commissaires, sauf en ce qui était relatif aux allocations portées au budget des villes, n'était pas en position de bien juger de leur situation et des égards qu'elle comportait. Aussi, dès qu'il s'agit de l'exécution du décret du 17 novembre 1811, on conclut de ce que leurs services *actuels* étant rétribués sur la même caisse que les services *actuels* des employés municipaux, la rémunération de leurs services *passés* devait être mise à la charge de la même caisse, et qu'ainsi, le même mode de liquidation des pensions des employés communaux devait être appliqué à la liquidation de celles des Commissaires de police, *quoique les employés des communes fussent seuls dénommés dans ce décret*. On ne se donna pas même la peine d'en provoquer un qui les assimilât au moins légalement à ces employés, et l'on n'apprécia point la différence que présentait nécessairement la position respective d'une classe de fonctionnaires *à résidence variable*, et d'une classe d'employés *à résidence sédentaire*. On n'attacha aucune importance à l'influence que, dans certains cas, la durée des services et celle de la résidence devaient infailliblement exercer sur la liquidation des pensions ; en un mot, on ne chercha point à comprendre que la nature mixte et complexe de l'emploi de ces fonctionnaires les plaçait sous la dépendance immédiate et absolue du Gouvernement, ni que la « *diversité de leurs fonctions expliquait clairement, com-* « *ment leur traitement était porté aux budgets des villes,*

____

(1) Lettre de M. le baron MOUNIER, Directeur-général de l'administration départementale et de la police, à M. le Préfet du Rhône, en date du 23 novembre 1820.

« *sans que néanmoins leur emploi fût au nombre des emplois*
« *communaux* (1). »

Ce fut ainsi que, *sans réglement d'administration publique,*
les Commissaires de police se trouvèrent confondus, relativement à leurs pensions, avec de simples employés, parce
qu'on ne songea même pas à remarquer que du droit du
Gouvernement d'ordonner à volonté leur changement de résidence découlait la possibilité indéfinie d'en user, ni que
par suite de cette possibilité toujours imminente, ils ne
pouvaient jamais acquérir, *dans une localité quelconque,* des
droits à une pension, si la durée seule des services ne pouvait leur suffire pour en obtenir la rémunération, quelque
fût le nombre des résidences où ils les auraient rendus ;
enfin, on ne prit pas garde qu'en les soumettant à des retenues dans celles des villes qui avaient usé de leur droit d'en
exiger de leurs employés, on les avait exposés à perdre tous
les *avantages* de ce sacrifice par l'effet d'un seul déplace-
ment.

Toutefois, ces inconvénients ne se manifestèrent pas
d'abord. D'un côté, l'organisation de l'an viii était encore de
date trop récente, pour que la plupart des Commissaires de
police pussent réclamer des pensions ; d'un autre côté,
comme on l'a vu, le ministère défendit assez longtemps le
principe qu'avec au moins *dix ans d'activité au service d'une
administration,* on acquérait le droit d'y obtenir une pension conformément à l'article 8 du décret du 4 juillet 1806,
en justifiant d'un nombre d'années de service, *de même
espèce,* rendus en dehors de cette administration, pour
compléter un total de trente ans au moins d'exercice.

Entre autres preuves de cette assertion, on lit dans une
dépêche de M. le Baron MOUNIER, directeur général de
l'administration départementale et de la police, en date du
23 novembre 1820, adressée à M. le Préfet du Rhône ; « Ce
« serait à tort, que le Conseil municipal se croirait autorisé

(1) Rapport de M. le baron MOUNIER à la Chambre des Pairs, le
19 mars 1835.

« à établir une dérogation aux lois et aux réglements géné-
« raux qui concernent les pensions de retraite.... Sous ce
« rapport, comme sous celui de la nomination des Com-
« missaires de police, de leur traitement et de leurs frais
« de bureau, la délibération par lui prise le 4 juillet 1820,
« a paru devoir être *improuvée*, et M. le Ministre de l'inté-
« rieur a décidé en conséquence, qu'elle serait regardée
« *comme non avenue*. Je vous prie de notifier cette décision
« à M. le Maire de Lyon et de le prévenir en même temps
« que le *Conseil municipal reviendrait inutilement* sur des
« points *irrévocablement fixés et qui ne peuvent plus être re-*
« *mis en question*. »

On retrouve les mêmes principes dans le préambule de
l'ordonnance royale déjà citée du 13 novembre 1822, relative aux pensions des employés municipaux de Paris, qui
n'admet aucune dérogation aux dispositions du décret du
4 juillet 1806, *qu'en ce qui concerne les retenues et le fonds
de premier établissement*. Si ces actes avaient été constamment suivis d'effet, plusieurs Commissaires de police
auraient pu encore obtenir la rémunération de leurs services, au moyen d'un séjour de dix ans au moins dans la
commune de leur dernière résidence. Mais les administrations locales ne tenant aucun compte de ces actes, persévé-
rèrent avec opiniâtreté dans leur résistance relativement à
la question de l'admission des services rendus en dehors de
leur jurisdiction. Presque toutes se refusèrent à en admettre
aucun ; quelques autres n'en voulurent admettre que des
fractions très-minimes (1), de manière que quand ceux des
Commissaires de police transférés demandaient leur mise en
retraite, ces communes leur répondaient qu'ils n'avaient

(1) Le projet de réglement de Lyon admet un an pour chaque cinq ans
d'exercice en cette ville, de sorte qu'un Commissaire qui n'aurait que cinq
ans de service hors de cette ville, toucherait autant que celui qui, au lieu
de cinq en aurait vingt-cinq à trente hors de ses murs. Ce projet, dont les
bases ont été rejetées en 1816, n'a point force d'exécution puisqu'il n'a jamais
été approuvé et que tous les précédents ayant les mêmes bases, avaient été
improuvés.

aucun droit à une pension ou qu'ils ne pouvaient prétendre qu'à en obtenir un fragment, parce qu'elles refusaient de leur faire compter, *comme le prescrit l'art. 8 du décret du 4 juillet* 1806, dans la durée des services donnant droit à la pension, *tout le temps* d'activité passé dans d'autres administrations, quoique étrangères à celles où ils se trouvaient placés.

On sent que ces débats dûrent exciter de la part des Commissaires de police des réclamations d'autant plus vives qu'ils ne pouvaient se persuader qu'après avoir usé dans une aussi pénible carrière, les meilleures et les plus belles années de leur vie, au lieu de la rémunération sur laquelle la durée de leurs services leur avait donné tant de droits de compter, ils se trouveraient avec trente ans et plus d'activité, par le seul effet des changements de résidence qui leur avaient été assignés, les uns, entièrement privés de pension, *faute d'avoir été employés au moins dix ans dans une commune quelconque*, et les autres réduits à une parcelle de pension insuffisante pour leurs besoins et ceux de leurs familles, et encore parce qu'on avait bien voulu les favoriser en les laissant séjourner au moins dix ans dans la dernière commune de leur exercice.

Mais quelle ne fut pas leur surprise, lorsqu'ils virent que toutes leurs réclamations restaient sans réponse et que l'autorité supérieure, dans l'opinion de son impuissance à arrêter les déplorables conséquences du système qu'on lui avait fait adopter, de confondre, sous le rapport des pensions, les Commissaires de police avec les employés des villes, se renfermait dans le silence le plus absolu?

Ainsi, livrés au plus étrange abandon et réduits au désespoir, ceux de ces fonctionnaires dont les infirmités étaient trop graves pour leur permettre de rester en activité, n'avaient, en se retirant forcément, d'autre perspective que la misère et l'asile des hospices ; d'autres étaient, de guerre lasse, contraints d'accepter le quart ou le tiers de la pension à laquelle leurs services leur donnaient droit, et d'autres enfin, au lieu du repos dont ils avaient besoin, étaient obligés pour vivre, d'user leurs derniers jours dans les fatigues de l'activité.

Telle était déjà la position des Commissaires de police transférés qui avaient assez de services pour prendre leur retraite, à l'époque où fut rendue l'ordonnance royale du 3 novembre 1827, qui créait une caisse de retraite en faveur des inspecteurs des poids et mesures seulement, quoique ce service fût compris dans les attributions des Commissaires de police, (à tel point qu'à Paris, sept de ces fonctionnaires, dont un en chef, en sont chargés). Cette ordonnance portait que la nouvelle caisse serait alimentée exclusivement par des retenues exercées sur les traitements de ceux pour qui elle était créée. Il n'est pas sans utilité de remarquer, en passant, que, si l'organisation municipale de la capitale ne différait pas, sous plusieurs rapports, si notablement de l'organisation municipale dans les départements, il importerait beaucoup de savoir si les sept Commissaires de Paris, préposés aux poids et mesures, sont, *pour leurs pensions*, à la charge de la caisse établie par l'ordonnance du 3 novembre 1827, ou de la caisse des retenues des employés municipaux de cette ville.

Quoiqu'il en soit, l'administration sous laquelle fut rendue cette ordonnance, n'ayant fait droit à aucune des réclamations qui lui avaient été adressées par les Commissaires de police, ne donna pas davantage suite aux demandes qu'ils lui firent en cette occasion, ni même à l'intervention de plusieurs Préfets en faveur de ces fonctionnaires, pour leur faire obtenir au moins l'autorisation de former une semblable caisse au moyen de retenues également exercées sur leurs seuls traitements. Par là, la liquidation de leurs pensions se serait trouvée affranchie de tout débat avec les villes. Plusieurs de celles-ci offraient même de verser au trésor toutes les retenues qu'elles avaient perçues sur leurs traitements, à condition de ne plus concourir à la rémunération de leurs services ; mais aucune de ces importantes considérations ne put faire rompre le silence que l'administration s'était imposé, plutôt que de prendre un parti.

En voyant cependant traiter d'un côté, avec tant de faveur et presque d'*office*, quelques rares employés chargés d'une tâche aussi facile à remplir, et montrer, d'un autre côté, tant d'indifférence pour une classe aussi nombreuse que celle des Commissaires de police, dont les fonctions sont si pénibles, si laborieuses et d'une variété si étendue ; tout convaincu que l'on est de l'impartialité des Ministres et de leur désir d'être justes envers les uns et les autres, sans distinction, mais sachant aussi qu'accablés d'occupations, il leur est impossible de prendre personnellement connaissance de tout ce qui leur est adressé, et que malgré leur bonne volonté, certaines affaires ne sont pas toujours expédiées conformément à leurs intentions, on ne peut que difficilement se défendre de soupçonner, relativement à ce qui intéresse les Commissaires de police, sinon l'existence d'un mauvais vouloir réel qui s'appliquerait sans relâche à présenter, sous le jour le plus faux, leur position et leurs droits, au moins celle d'une prévention que des idées erronnées ont sans doute causée d'abord, et qui ne subsiste peut-être plus que par un sentiment d'amour propre. En effet, lorsqu'il est évident pour tout le monde, que les Commissaires de police tiennent, comme tous les autres fonctionnaires civils, leurs droits à une pension, des lois rendues sur cette matière et notamment de celle d'août 1790, et qu'aucun autre de ces fonctionnaires, *même fût-il Préfet*, n'y ayant droit qu'en vertu de ces lois, n'en a pas un plus sacré que ces Commissaires, comment se fait-il qu'un tel droit préexistant à l'émission des décrets des 4 juillet 1806 et 17 novembre 1811, soit cependant présenté comme uniquement fondé sur ces derniers décrets, d'ailleurs exclusivement rendus *en faveur des employés du ministère de l'intérieur, ou qui, sans y être directement attachés, dépendent de quelque administration départementale ou municipale?* Comment s'expliquer le revirement de jurisprudence d'après lequel les dispositions de ces mêmes décrets, reconnues *impératives*, à l'époque de l'entrée en exercice des Commissaires de police qui demandent aujourd'hui leur pension, pourraient être à leur égard, *rétroactivement* décla-rées *facultatives*, et de manière à anéantir toutes les garanties d'avenir sur lesquelles ces fonctionnaires étaient autorisés à compter?

Comment M. *Thiers*, aurait-il pu, *(de lui-même)*, écrire, le 18 février 1833, à M. le Préfet du Rhône, précisément tout le contraire de ce qu'il a soutenu, comme Ministre de l'intérieur, à la séance de la Chambre des Pairs du 1er avril 1835? Comment encore aurait-il, le même jour, devant la même Chambre, *affirmé*, (de lui même et sans avoir été trompé par les renseignements les plus inexacts), *que la mise de la rémunération des services des Commissaires de police à la charge du trésor, grèverait celui-ci d'une dépense de deux ou trois millions*, tandis que M. *Gasparin*, son successeur au ministère de l'intérieur, n'a pu élever, de son aveu, à 1,332,000 fr. le montant des traitements entiers et la totalité des frais de bureau de tous les Commissaires de police du royaume, qu'en y comprenant pour plus *d'un tiers*, la dépense des Commissaires de police de Paris qui, quoique sous le même nom que ceux des départements, appartiennent à une organisation spéciale, différant de l'organisation municipale dans les départements, principalement sous les rapports de la dépendance hiérarchique, de la quotité du traitement, des frais de bureau, de l'assistance qu'ils reçoivent des officiers de paix, agents, sergents de ville, etc. ; enfin plusieurs autres accessoires? Pourquoi donc les avoir fait figurer dans une discussion tout-à-fait particulière au régime des départements, et qui intéressait d'autant moins les Commissaires de police de Paris, que ceux-ci obtiennent sans la moindre difficulté la liquidation de leurs pensions? Comment M. *Gasparin*, devenu à son tour Ministre de l'intérieur, aurait-il pu, s'il n'avait été adroitement circonvenu, écrire à M. le Préfet du Rhône, les 15 septembre et 24 octobre 1836, dans un sens absolument opposé à l'avis qu'il avait donné comme Préfet du même département, les 23 août 1832 et 8 avril 1834, précisément *sur les mêmes de-mandes?* Comment M. *Laurence*, Député, s'il eût connu l'existence des décrets des 4 juillet 1806 et 17 novembre 1811, aurait-il dit, à la séance du 7 mars 1834, *qu'il n'existait aucune législation sur les pensions à accorder aux employés des communes ; que ceux-ci ne pouvaient donc avoir de droits acquis, et qu'ainsi, les communes n'étaient obligées à rien envers eux ?* Comment M. *Chasles*, aussi Député, s'il n'avait pas été mal renseigné, aurait-il pu prétendre, dans son Rapport du 3 mai 1834, que le décret du 4 juillet 1806 n'était toujours applicable qu'aux *seuls* employés du ministère de l'intérieur, malgré le texte formel du décret du 17 novembre 1811; que, malgré encore le principe général proclamé par la loi du 22 août 1790, *l'État n'était point tenu à donner des pensions de retraite à ceux qui le servaient,* et *que les employés des villes n'avaient à en demander qu'à celles qui avaient bien voulu user de la faculté de leur imposer des retenues*, comme si ces employés pouvaient perdre, au gré des administrations, un droit à des avantages que le décret du 17 novembre 1811, accorde, non pas à quelques-uns, mais à TOUS les employés des communes, quelle que soit la situation financière de celles-ci. Ne résulte-t-il pas au contraire de ce que jusqu'à ces derniers temps l'exécution du décret du 4 juillet 1806 a été exigée indistinctement des communes qui n'avaient pas des caisses de retraite, comme de celles qui en avaient, que la création de ces caisses, n'étant en réalité nécessaire qu'en cas d'insuffisance des ressources communales, n'avait pu raisonnablement dépendre que de l'état plus ou moins prospère de ces ressources ? Ne sait-on pas d'ailleurs, d'après le préambule de l'ordonnance royale du 13 novembre 1822, que le décret du 17 novembre 1811 excepte de l'obligation qu'il impose aux communes, d'appliquer à leurs employés les dispositions du décret du 4 juillet 1806, celle uniquement relative aux retenues et au fonds de premier établissement, et que cette exception avait pour but d'assujétir ce seul cas à la délibération des Conseils municipaux, sauf, suivant l'usage, l'approbation du Gouvernement ?

Lorsque les Commissaires de police qui avaient réclamé

près de l'autorité supérieure , ne recevant aucune réponse, prirent le parti d'exposer aux Chambres les graves inconvé- nients de leur situation , puisque le silence prolongé du ministère faisait craindre que ces réclamations ne lui fussent pas parvenues, non seulement ces grands corps d'État ne se refusèrent pas à y donner leur attention , mais ils voulurent bien provoquer à cet égard celle du Gouvernement, en expliquant, par l'organe de MM. les Rapporteurs de leurs commissions que « *Il s'agissait de trouver une combinaison telle,*
« *qu'aucune partie des services rendus par MM. les Commis-*
« *saires de police ne restât sans récompense , sans cependant*
« *qu'aucune des villes où ils étaient placés fût assujétie à des*
« *sacrifices qu'il ne serait pas juste de lui imposer* (séance
« des Pairs, du 4 juin 1833); *Qu'il était indispensable de*
« *régler d'une manière générale la position de ces fonction-*
« *naires , quant aux pensions de retraite ; que rien ne serait*
« *plus contraire à l'équité que de leur faire perdre le fruit de*
« *leurs services antérieurs, par cela même que l'expérience*
« *d'abord acquise par eux dans une commune, les aurait en-*
« *suite fait préférer pour les fonctions à remplir dans une*
« *autre* (séance des Pairs, du 10 janvier 1835); *Qu'ainsi,*
« *il était urgent, à raison de leur position exceptionnelle très-*
« *préjudiciable à leurs intérêts et contraire à l'équité, d'aviser*
« *aux moyens de leur assurer les avantages dont jouissent tous*
« *les autres fonctionnaires du royaume* (séance des Dépu-
« tés, du 3 mai 1834); *Qu'une loi spéciale paraissait néces-*
« *saire au sujet des pensions auxquelles leurs anciens services*
« *peuvent donner lieu* (séance des Pairs, du 30 mars 1835);
« *Qu'à la vérité, en considérant que les villes se devaient une*
« *sorte de solidarité, il avait bien été admis que lorsque les*
« *services avaient été rendus avec plus ou moins de durée dans*
« *plusieurs villes, c'était celle où le Commissaire de police avait*
« *été employé en dernier lieu, qui devait se charger de sa*
« *pension ; mais que , jusqu'à ce qu'une loi nouvelle fût faite*
« *à cet égard , les pensions de ces fonctionnaires devaient être*
« *liquidées, d'après les réglements existants, sauf à changer*

« *ces réglements , s'ils étaient mauvais* (séance des Pairs,
« du 1ᵉʳ avril 1835). »

Comment le ministère n'aurait-il donné aucune suite à de
si hautes recommandations (surtout réitérées), si elles
avaient été remises sous ses yeux de manière à attirer son
attention ? Comment, après avoir témoigné aux Commissaires de police le désir de voir un terme *aux embarras de leur
situation particulière,* n'aurait-il pas saisi avec empresse-
ment l'occasion que lui offraient, pour y parvenir, les indications qui viennent d'être rappelées ? Utiliser de telles
indications, n'eût-ce pas été en effet, le meilleur moyen **de**
convaincre ces fonctionnaires, comme il s'est plu à leur en
donner l'assurance, notamment dans ses lettres des 15 septembre et 24 octobre 1836, que « *ils devaient d'autant moins*
« *attribuer* leur malaise *à un défaut de bienveillance de la*
« *part du Gouvernement, que celui-ci ne pouvait être que dis-*
« *posé à leur procurer la récompense de leurs services, s'il*
« *lui était possible de lever les obstacles que,* dans son opi-
« nion, *la législation présentait à cet égard ?* »

En admettant qu'en effet ces obstacles vinssent de la législation, rien ne justifie qu'il fût impossible d'y remédier avec
le concours que les Chambres se montraient disposées à ne
pas refuser ; mais, si ces obstacles tenaient à d'autres causes,
et s'il pouvait y être pourvu sans recourir à ce moyen su-
prême, comment s'expliquer que le ministère se soit porté,
en pleine connaissance de cause, à livrer au désespoir une
nombreuse classe d'employés par l'annonce de l'impossibilité d'obtenir la rémunération de leurs services autrement
que de la générosité des administrations municipales, d'autant moins bien disposées à cet égard, que la plupart de ces
administrations regardent les Commissaires de police comme
leur étant imposés ? C'est néanmoins ce qui est arrivé, puisque
les lettres des 15 septembre et 24 octobre 1836 disent for-
mellement que les *bonnes dispositions de l'autorité supérieure
en leur faveur ne peuvent être qu'impuissantes, si les villes ne
consentent pas à leur accorder* cette aumône, attendu qu'encore
bien que les services rendus par les Commissaires de police

dans quelque localité que ce soit, PROFITENT A TOUT LE ROYAUME, *à raison de l'ordre public qu'ils contribuent à y maintenir* (1), *la lettre même du décret du 4 juillet* 1806 (2) *ne permet pas au Gouvernement de* CONTRAINDRE *les villes à récompenser les services dont elles n'ont pas directement profité* (3).

On s'était attendu que, suivant le vœu qui en avait été émis le 10 janvier 1835, *dans la Chambre* des Pairs, la loi municipale aurait réglé *comment les pensions des Commissaires de police pourraient être rangées dans les dépenses obligatoires des communes* (4) : mais les explications données à la même Chambre par M. le Rapporteur de cette loi, le 1er avril 1835, lors de la discussion du paragraphe 9 de l'art. 30, ont démontré qu'*en supposant qu'une ville ne fût pas tenue à récompenser les services rendus dans une autre ville, la mention faite dans le paragraphe des pensions des Commissaires de police, n'avait d'autre but que de pourvoir au cas où l'un d'eux en aurait acquis une au service de la même ville.*

La question est donc restée au même point où elle se trouvait avant la loi du 18 juillet 1835.

(1) Cette seule circonstance impose à l'État, d'après les art. 1er et 2, titre Ier de la loi du 22 août 1790, l'obligation de récompenser les services de ces fonctionnaires lorsqu'il est impuissant pour en exonérer le trésor.

(2) L'art. 8 du décret du 4 juillet 1806 est cependant assez exprès à cet égard, et c'est un de ceux essentiels auxquels il ne saurait être dérogé, suivant les principes invoqués dans le préambule de l'ordonnance royale du 13 novembre 1822, concernant les pensions des employés municipaux de Paris.

(3) Lettre ministérielle du 15 septembre 1836, à M. le Préfet du Rhône, qui n'indique point le passage du décret du 4 juillet 1806, qui laisse, dit-elle, aux villes la liberté de ne pas exécuter l'art. 8 de ce même décret. C'est le mot *doit* et non le mot *peut* qui est écrit dans l'art. 1er de celui du 17 novembre 1811, et ce dernier décret a mis seul les communes en rapport avec le premier.

(4) Rapport de M. le baron DE FRÉVILLE à la Chambre des Pairs ; séance du 10 janvier 1835.

Il y a eu divergence de système à cet égard entre les deux derniers Ministres de l'intérieur.

Suivant le premier (M. *Thiers*), « Il n'y a sur ce point « de *raisonnable* que le système qui consiste à *faire porter la* « *pension au compte de la commune où les derniers services* « *ont été rendus*, parce que, *si cette commune paie des ser-* « *vices rendus dans d'autres communes*, *on paie ailleurs les* « *services rendus chez elle* (discours à la Chambre des Pairs « du 1er avril 1835). »

Ce système se rattache à la première jurisprudence suivie relativement au sens de l'art. 1er du décret du 17 novembre 1811, expliqué dans le préambule de l'ordonnance royale du 13 novembre 1822. Or, cet article 1er porte, que *le décret du 4 juillet 1806, relatif aux employés du ministère de l'intérieur*, DOIT (et non pas seulement PEUT) *servir de règle pour accorder des pensions de retraite à* TOUS *les employés des communes.*

Suivant le second Ministre (M. *Gasparin*), *la lettre du décret du 4 juillet 1806*, *ne permettant pas au Gouvernement de* CONTRAINDRE *les villes à récompenser les services dont elles n'ont pas directement profité*, *sa bonne volonté pour les Commissaires de police est impuissante*, et il ne peut leur donner d'autres preuves de cette bonne volonté, qu'en leur promettant d'approuver les délibérations des Conseils municipaux, si (contre toute attente) ils trouvaient les moyens d'amener ces Conseils à consentir à la concession à laquelle précisément ils se sont constamment refusés. Il reconnaît cependant que *les services rendus par ces fonctionnaires dans quelque localité que ce soit*, *profitent à tout le royaume à raison de l'ordre public qu'ils contribuent à y maintenir* (substance de la lettre du 15 septembre 1836 à M. le Préfet du Rhône).

Ce système a pour base la nouvelle jurisprudence qui, substituant au mot *doit* qui se trouve dans le texte même de l'art. 1er du décret du 17 novembre 1811, le mot *peut*, tend essentiellement à dénaturer le *sens* de cet article, pour priver les Commissaires de police de leurs droits acquis.

Quant au point de savoir qui doit supporter le déficit qui résulterait de cette mobile jurisprudence, dans la fixation de la pension d'un Commissaire de police transféré, bien qu'il soit incontestable que ce déficit a pour cause unique et évidente la translation de ces fonctionnaires, et qu'elle a lieu par *ordre exprès* du Gouvernement, dans *son intérêt*, et *en vertu de sa prérogative*, M. *Thiers*, persuadé qu'il s'agissait d'une charge *de deux ou trois millions* pour l'État, s'est opposé à ce qu'elle fût mise à la charge de celui-ci, mais l'a rejetée sur les communes ; et à son tour, M. *Gasparin*, s'étant persuadé qu'elle ne pouvait être imposée aux communes, s'est contenté de répondre aux Commissaires qui lui demandaient une décision, qu'il était dans l'impuissance de leur rendre la justice à laquelle il reconnaissait qu'ils avaient droit, dans l'opinion où il était, que cette justice ne pouvait leur être rendue qu'à la charge des communes, tandis que, d'un autre côté, il était persuadé qu'il ne pouvait contraindre celles-ci à supporter cette charge.

C'est ainsi que le déficit n'étant couvert ni par l'État, ni par les communes, le fardeau devait en retomber sur les Commissaires, qui se trouvaient ainsi privés des ressources sur lesquelles ils avaient droit de compter à la fin de leur carrière.

D'après les détails dans lesquels je suis entré, les Chambres voudront bien, sans doute, reconnaître que, si le ministère n'a pas satisfait au vœu qu'elles lui ont exprimé, c'est l'effet de l'erreur où l'ont induit d'inexacts renseignements sur la position réelle des Commissaires de police ; que cette position est des plus fâcheuses, et qu'il est urgent qu'enfin on prenne en considération la douloureuse anxiété que depuis si longtemps ces fonctionnaires éprouvent sur leur avenir et sur celui de leurs familles. Je supplie donc les Chambres de prendre telles mesures qu'elles jugeront convenables, pour qu'en exécution des lois, qui assurent aux fonctionnaires de tous les ordres, la rémunération de leurs services, en *raison de la durée totale de ceux-ci*, nous obtenions enfin la liquidation des pensions auxquelles nous avons droit, et qu'il est autant de la justice que de la dignité de l'État de nous accorder.

Je suis, avec un profond respect, etc.,

RENOU, *Commissaire de police,*

Ayant quarante-trois ans de service dont trente-deux ans dans cette dernière fonction.

P. S. Je crois devoir joindre au présent, à titre de document, un exemplaire d'une lettre adressée au Conseil municipal de Lyon, qui montre combien, dans l'opinion des habitants des villes, on est peu disposé à accorder aux Commissaires de police ce qu'on a refusé aux insinuations du Gouvernement, relativement à la rémunération des services rendus dans d'autres villes. Si, d'un autre côté, il est vrai, comme l'affirme cette lettre (ce dont d'ailleurs M. le Ministre peut s'assurer en peu de temps), qu'en ce moment et d'ici longtemps, il n'y ait qu'un très-petit nombre de Commissaires transférés, ayant droit *actuel* à la retraite, et s'il existe des fonds de police, pour ce qui concerne l'*intérêt de l'État*, ces circonstances ne fournissent-elles pas des moyens de terminer promptement et à peu de frais, une situation que tout le monde s'accorde à reconnaître intolérable, *puisque les translations des Commissaires de police, ne se faisant que par ordre et dans l'intérêt du Gouvernement* et *pour le bien du service de l'État*, aucune loi ne l'empêche de disposer de ces fonds pour soulager ces fonctionnaires, au sujet d'une situation que lui seul a eu la volonté et le pouvoir de leur faire, et dont, par conséquent, il ne devrait pas les laisser souffrir.

JEAN-CLAUDE BERGER,

Demeurant rue St-Georges, n° 6,

A Messieurs
Les Membres du Conseil municipal
DE LA VILLE DE LYON.

MESSIEURS,

Lyonnais et Commissaire de police, dans un temps où ces fonctionnaires d'abord élus par le peuple et ensuite choisis par les administrateurs municipaux, élus par le peuple, ne s'occupaient que de la localité où ils exerçaient, et n'en étaient jamais déplacés pour aller exercer ailleurs dans un intérêt politique, je vous prie de m'excuser si je viens appeler votre attention sur la portée du paragraphe 9, article 30, de la loi du 18 juillet 1837, relative aux attributions de l'administration municipale du royaume, Paris excepté.

Depuis quinze ans, le Conseil municipal s'est courageusement opposé à ce que, sous prétexte de je ne sais quelle *solidarité* ou *réciprocité*(1), la charge de rénumérer les services des Commissaires de police rendus dans d'autres communes antérieurement à leur arrivée à Lyon, lui fût imposée ; et cette résistance, aussi juste que légale, longtemps combattue, a été tellement persévérante, qu'enfin, M. *Thiers*, alors Ministre du commerce et des travaux publics, par une décision du 18 février 1833, rendue sur une réclamation d'un sieur *Paulin*, qui, pendant dix ans, avait exercé les fonctions de Commissaire de police en cette ville, et qui demandait qu'elle lui tînt compte des services qu'il avait rendus à Beau-

---

(1) Discours de M. MOUNIER, Rapporteur de la loi sur les attributions municipales, et de M. THIERS, Ministre de l'intérieur, à la séance de la Chambre des Pairs, du 1er avril 1835.

caire et à Nismes, reconnut de la manière la plus explicite, *qu'une ville n'était tenue à récompenser les services* qui, rendus dans d'autres villes par ces fonctionnaires, *lui étaient étrangers.*

Mais depuis, et surtout lors de la discussion du projet converti en loi, le 13 juillet dernier, cette question, sur laquelle on devait croire qu'il n'était plus possible de revenir, a été reproduite avec une insistance remarquable ; aussi, est-il bien évident que le texte du paragraphe 9, art. 30, de cette nouvelle loi n'a été rédigé *dans un vague élastique* que pour ménager les occasions d'en exciper, afin d'imposer aux villes où ils ont exercé en dernier lieu le paiement intégral des pensions des Commissaires de police, c'est-à-dire, la rémunération des services qu'avant d'y arriver, ils ont successivement rendus dans d'autres localités. Il suffit, pour se convaincre de la justesse de cette prévision, de lire l'extrait qui suit, du discours du même M. Thiers, alors Ministre de l'intérieur, prononcé à la séance de la Chambre des Pairs, le 1er avril 1835, pour lui faire consacrer ce principe que le montant de la pension entière des Commissaires de police transférés de commune en commune, doit être porté sur le compte exclusif de celle où les derniers services ont été rendus.

« Il faut, a-t-il dit, choisir, (à l'égard des pensions des
« Commissaires de police) entre ces trois partis ; »

« Ou ce sera l'État qui paiera et je le demande à tous
« les honorables membres qui m'entendent, s'ils croient
« qu'il est possible de faire consentir les Chambres à mettre
« à la charge de l'État une nouvelle charge de *deux ou trois*
« *millions* ! Je crois donc qu'on ne doit pas songer à mettre
« les pensions de retraite des Commissaires de police à la
« charge de l'État ; »

« Ou on les fera payer à la commune où les derniers
« services ont été rendus, car l'idée de faire supporter ces
« pensions par chacune des communes où ils ont exercé
« leurs fonctions, dans la proportion du nombre d'années
« de services rendus à chacune d'elles, est impossible ;
« vous ne pouvez vouloir que sept à huit cents francs soient
« payés, deux cents à Lyon, deux cents à Marseille, deux
« cents à Lille, deux cents à Strasbourg, etc. »

« Il n'y a donc de raisonnable que le système adopté
« aujourd'hui qui consiste *à faire porter la pension sur le*
« *compte de la commune où les derniers services ont été ren-*
« *dus.* Cela paraît injuste au premier aperçu ; mais cela
« est réciproque, et, s'il se trouve une commune qui paie

« des services rendus dans d'autres communes, on paie
« ailleurs les services rendus chez elle. »

« Mais il y a une question de fait, et il n'y a pas une
« meilleure raison qu'une réalité ; en fait, les Commis-
« saires de police ne sont pas aussi mobiles, comme on l'a
« prétendu ; il n'est pas vrai qu'ils soient constamment
« transportés d'une ville dans une autre ; ce qui est exact,
« c'est que, presque partout, les Commissaires de police
« sont du pays ou y résident depuis très-longtemps. Dans
« l'immense majorité, dans la presque universalité des
« villes, ils doivent donc avoir un traitement municipal,
« une pension municipale. »

Il semble que cette argumentation est, sous tous les
rapports, insoutenable. Il faut d'abord examiner d'après
quels motifs, la charge des pensions de retraite des Commissaires de police n'a pas été imposée à l'État, lorsqu'il a
été reconnu que l'*exercice de leurs fonctions profitait à tout
le royaume*. Or, le seul motif qu'on ait fait valoir a été de
supposer que cette charge aurait occasionné à l'État une
dépense annuelle de *deux à trois millions ;* mais pour dé-
montrer à l'instant l'impossibilité arithmétique d'un tel
chiffre, il suffit de le comparer avec celui de la dépense
totale des Commissaires de police en activité dans les départements, *tant, pour leurs traitements que pour leurs frais
de bureau,* qu'un autre Ministre de l'intérieur a présenté,
le 6 février 1837, à la Chambre des Députés comme n'excé-
dant pas 1,332,000 fr. ; bien qu'il ait avoué y avoir compris
pour un peu plus du tiers, les frais de traitement et de
bureau des Commissaires de police de Paris. Pourquoi,
dans une discussion exclusivement relative à l'organisation
de l'administration municipale des départements, est-il
venu confondre des choses tout-à-fait distinctes, puisque
Paris a et doit avoir une organisation municipale tout-à-fait
à part, et que, d'ailleurs, jouissant comme capitale des bénéfices immenses d'une centralisation indéfinie, c'est bien
le moins que ces bénéfices concourent à soulager le reste
de la France des charges de cette même centralisation ?

Quant à la disproportion entre la somme de 2 à 3 millions
pour les pensions et celle de 1,332,000 fr. pour les traitements et frais de bureau où, comme on vient de le remarquer, Paris figure si mal-à-propos, cette disproportion doit
paraître à tout le monde d'autant plus exhorbitante que le
nombre auquel s'élève le personnel des sujets retraités est
pour l'ordinaire de beaucoup au dessous de celui où doit
s'élever le personnel des sujets en activité ; qu'ainsi, il est

incontestable que le chiffre des pensions de retraites est toujours excessivement inférieur à celui des traitements d'activité, et qu'enfin les frais de bureau n'entrent jamais pour rien dans la liquidation des pensions des employés de quelque administration que ce soit.

C'est donc parce que ces détails n'ont pas été donnés à la Chambre des Pairs, qu'influencée par l'impression profonde que lui a fait éprouver la crainte d'imposer à la France une nouvelle charge qu'on disait de deux à trois millions, elle a voté de confiance le paragraphe 9 de l'article 30 de la loi. J'ajouterai 1° que ce chiffre, par l'assurance avec laquelle il a été annoncé, a interdit tellement l'opposition elle-même que, n'osant pas le contester, elle s'est bornée dans cette circonstance à faire observer que, quelque fût le montant de la charge en question, elle devait plutôt être mise à la charge de l'État et par conséquent de tous les contribuables, que de peser fort injustement sur les seuls de ces contribuables qui habitaient des villes où il existait des Commissaires de police ; 2° quoique la diversité des fonctions des Commissaires de police leur donne un caractère mixte qui les place à la fois dans une dépendance plus ou moins grande, suivant les cas, soit du Gouvernement, soit des communes, on ne peut disconvenir que la dépense de leurs frais de traitement et de bureau est une dépense *habituelle* ; qu'elle est faite, sinon exclusivement, du moins *en partie*, pour les communes et dans leur intérêt, mais qu'elle est par sa nature, limitée à la durée réelle du temps d'exercice et de séjour de ces fonctionnaires dans l'enceinte des communes qui la supportent, tandis qu'il n'en saurait être ainsi à l'égard de pensions obtenues pour des services rendus en divers lieux.

Comme M. le Ministre de l'intérieur, je trouve impossible de faire supporter ces pensions par chacune des communes où ces fonctionnaires ont successivement exercé leurs fonctions, dans la proportion des années de service rendus à chacune d'elles ; je vais même plus loin ; je soutiens que ce système est absolument inconciliable avec l'exécution des articles 8 (§ 2), 9, 10 et 11 du décret du 4 juillet 1806, rendu applicable aux fonctionnaires et employés dépendant des administrations municipales (1), par celui du

____

(1) On suppose qu'un Commissaire de police transféré dans l'une des villes de Lyon, Marseille ou Bordeaux, où le traitement est le même, ait en tout trente-sept ans de services, et qu'il y ait vingt-cinq ans qu'il exerce dans cette ville ; l'article 11 du décret précité ne lui permettrait dans ce cas

17 novembre 1811. Cependant, je ne comprends pas comment M. le Ministre de l'intérieur a pu conclure de cette impossibilité qu'il n'y avait d'autre moyen d'y suppléer d'une manière à la fois juste et *raisonnable*, qu'en *portant la pension sur le compte seul de la commune où les derniers services ont été rendus.* En effet, si, comme l'a déclaré M. le Ministre, les Commissaires de police ne rendent que *des services purement municipaux, dans l'immense majorité, dans la presque universalité des villes ;* si ces fonctionnaires, *sont loin d'être aussi mobiles qu'on le prétend ; s'il n'est pas vrai qu'ils soient constamment transportés d'une ville dans une autre ;* si presque partout, ils sont *du pays* ou du moins *y résident depuis très-longtemps,* c'est que le Gouvernement, n'oubliant pas qu'il ne jouit du droit de nommer les Commissaires de police, et de leur assigner telle ou telle résidence que *dans l'intérêt général de l'État* et non *dans l'intérêt de telle ou telle localité,* s'est cru tenu à limiter l'exercice de ce droit aux seuls cas où cet exercice pouvait être utile au bien du service. Ainsi, puisque les translations des Commissaires de police ne sont faites qu'en vertu d'un droit dont le Gouvernement ne jouit que dans *l'intérêt général et en dehors de l'intérêt communal,* c'est incontestablement aux frais de l'État qu'il doit être pourvu à ce qu'*aucune partie des services* des *Commissaires de police* transférés, DANS SON INTÉRÊT, ne *puisse rester sans récompense* (1). Ce serait donc violer toute justice que de mettre la pension entière de ces fonctionnaires à la charge de la commune où ils ont rendus leurs derniers services, puisque ce serait exiger d'elle au-delà de ce que lui imposent les règles établies par le décret du 4 juillet 1806.

C'est donc au Gouvernement à récompenser les services rendus par les Commissaires de police, pour lesquels il ne peut rien être exigé des villes qu'au prorata du temps du séjour qu'y ont fait ces fonctionnaires. En effet, le Gouver-

d'exiger d'elle que les 25/60 de son traitement d'activité qui est de 2,400 f., c'est-à-dire une pension de 1,000 francs. Le Gouvernement ne pourrait donc se dispenser sans injustice de faire jouir ce fonctionnaire, dans toute son étendue, du bénéfice de l'art. 10 du même décret, à raison de ses trente-sept ans de service, et par conséquent, de lui tenir compte d'une pension supplémentaire de 600 francs, savoir : 1° les 5/60 restant pour compléter les cinq ans de ses premières années d'activité exigé pour la pension entière; 2° les 7/20 du traitement destiné à rémunérer les sept années passées au-dessus des trente premières.

(2) Rapport de M. le baron DE FRÉVILLE à la Chambre des Pairs, du 4 juin 1833.

nement, maître de les choisir dans ou hors les communes où il les institue, et jouissant ainsi de la faculté indéfinie de les transférer, par conséquent de celle d'augmenter ou de réduire à volonté le nombre des translations, peut ainsi toujours calculer *dans l'intérêt du trésor*, les effets que peuvent produire les divers déplacements de ces fonctionnaires par rapport aux pensions auxquelles ils peuvent prétendre, soit à la charge de l'État, soit à la charge de communes. Or, puisque, d'un côté, dans la presque universalité des communes où, comme l'a assuré M. le Ministre, les Commissaires de police sont constamment sédentaires, leurs pensions restent *toutes et en entier* à la charge des communes ; et puisque, d'un autre côté, les communes même où des Commissaires *transférés* ont exercé pendant assez de temps pour y avoir acquis le droit de demander une pension proportionnée à la durée de leur exercice, restent cependant toujours chargées d'acquitter cette portion de pension, il est évident que, bien loin de pouvoir coûter à l'État de deux à trois millions, la charge de payer la partie des pensions des Commissaires, qu'on ne peut sans injustice imposer aux villes, serait fort peu onéreuse pour le Gouvernement, *dans les temps ordinaires*, et que, dans le moment actuel, elle serait d'autant plus minime, comme il est on ne peut plus facile à M. le Ministre de s'en assurer, qu'en ce moment, il n'y a peut-être pas dans tout le personnel des Commissaires de police *dix sujets* en état de justifier de trente ans d'exercice dans cet emploi, et qui soient ainsi en droit de demander la pension de retraite à raison de ces trente années d'exercice, tant cette classe de fonctionnaires a été, plus que toute autre, incessamment victime depuis 1814, des effets de l'action et de la réaction des partis politiques, à raison de son contact immédiat avec le public.

Ainsi, quoiqu'on en ait dit, et quelqu'alarmes qu'on ait cherché à insinuer sur la prétendue énormité de la charge qui résulterait, pour l'État, de ce qu'il aurait à payer ce qui ne peut être imposé aux villes dans la liquidation des pensions des Commissaires de police, il demeure démontré sans réplique qu'au contraire cette charge se réduirait *à fort peu de chose*, et d'ailleurs serait limitée aux seuls cas où l'État ne peut se dispenser de la supporter directement, c'est-à-dire, à l'égard des Commissaires transférés en vertu d'un droit qui n'a été accordé au Gouvernement que dans l'intérêt général, et qui, conséquemment, est tout-à-fait en dehors de l'intérêt purement communal.

Puisqu'il y a des fonds pour donner des suppléments de

traitement et des gratifications aux Commissaires de police, quand ils ont servi dans l'intérêt de l'État (1), pourquoi donc au lieu d'en consacrer une partie à payer des portions de pensions au petit nombre de ces fonctionnaires transférés en vertu d'un droit dont le Gouvernement ne jouit aussi que dans l'intérêt de l'État, vouloir imposer aux communes le paiement de ces portions de pensions, en sus de celles que le décret du 4 juillet leur impose à raison seulement des services rendus dans leur enceinte ? Il semble que cette circonstance rendrait tout-à-fait inutile le projet de loi dont M. Mounier, Rapporteur de la Commission sur les attributions municipales, exposait à la Chambre des Pairs (séance du 30 mars 1835), la nécessité éventuelle, attendu, disait-il, que quand un Commissaire de police arrive dans une ville, cette ville ne veut pas porter à son budget les fonds nécessaires pour payer une pension acquise dans d'autres villes.

Messieurs, je n'ai point la présomption de croire que les recherches auxquelles je me suis livré, puissent ajouter à vos convictions et aux moyens de les faire valoir dans l'intérêt de la cité ; mais si cependant un seul des arguments que je viens de développer vous était échappé et pouvait contribuer en quelque chose au succès de votre juste et légale opposition, je m'estimerais très-heureux de ne pas vous l'avoir laissé ignorer.

Je suis avec respect,

MESSIEURS,

Votre très-humble et très-obéissant serviteur.

BERGER.

Lyon, le 23 septembre 1837.

(1) Discours de M. le Ministre de l'intérieur, du 6 février 1837.

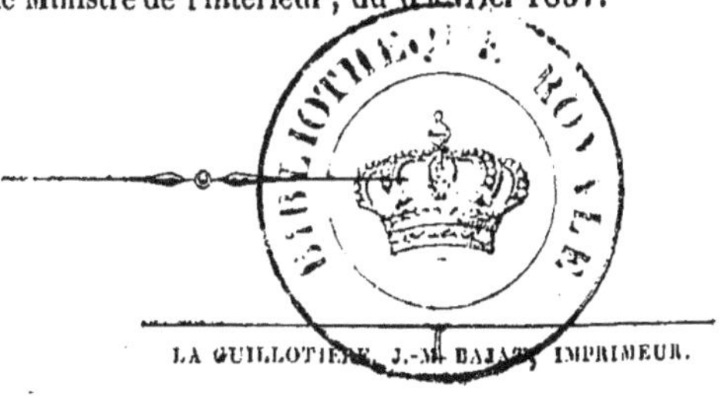

LA GUILLOTIÈRE, J.-M. BAJAT, IMPRIMEUR.